RÉGÉNÉRATION

ET

DÉGRADATION

PAR

JULES GAUTIER

1892

RÉGÉNÉRATION

ET

DÉGRADATION

TYPOGRAPHIE

EDMOND MONNOYER

LE MANS (Sarthe)

RÉGÉNÉRATION

ET

DÉGRADATION

PAR

JULES GAUTIER

1892

RÉGÉNÉRATION

L'étrange découverte de M. Brown-Séquard n'est pas encore si loin de nous que nous l'ayons déjà oubliée. A peine le public avait-il été averti de la nature même des travaux et des déclarations de l'illustre savant, que chacun s'en donnait à cœur joie. On ne parlait que tout bas de l'extrait de cobaye. S'il nous arrivait par inadvertance de continuer devant un aréopage féminin la conversation commencée, le seul nom du célèbre Académicien faisait cacher tous les visages derrière le pudique éventail.

On est revenu aujourd'hui de ces premières frayeurs. Que l'on se traite par l'innocent jujube, ou par la liqueur exprimée des parties sensibles des infortunés cochons d'Inde, peu importe, pourvu que l'on soit remis sur pieds. La question n'avait jamais été, à la vérité, présentée au public d'une façon sérieuse et nettement scientifique, si ce n'est dans ces derniers temps.

Un beau jour, brusquement, comme un coup de foudre, nous arriva la nouvelle fantastique que l'illustre savant avait découvert ce fameux art de réconforter la vie, que l'on avait en vain cherché si longtemps. Au moyen d'un vaccin spécial, d'un philtre véritable dans lequel entrait pour une bonne part le liquide testiculaire — pourquoi ne pas le dire ? — le docteur Brown-Séquard régénérait le monde, cette machine humaine si facilement détraquable, si solide que l'on puisse être.

C'est avec effroi que l'on considère l'épaisseur du *Dictionnaire de médecine*, toute une rangée d'énormes volumes, où, depuis A jusqu'à Z, chaque page, chaque ligne, vous parle de votre démolition plus ou moins prochaine.

« Vienne l'heure de la souffrance, dit M. Vuillaume, l'heure du doute, cette veillée étrange et indéfinissable du lendemain de la mort, que ne donnerait-on point, riche ou pauvre, pour prolonger d'un jour, d'une heure, d'une seule minute, cette existence qui ne vous a souvent occasionné que de multiples et incommensurables déboires, mais que, cependant, nous chérissons comme le premier des biens ! »

Eh bien ! on va vous la prolonger, cette vie, et cette fois-ci pour de bon.

Que faut-il pour cela? faire des injections *sous-cutanées*, d'un liquide obtenu par le broiement et la trituration, à l'aide d'une pince et d'une spatule, de la pulpe d'un testicule de lapin ou de cobaye adulte, dans 10 centimètres cubes d'eau distillée.

Les organes sont employés absolument frais, venant d'être enlevés sur les animaux.

Après avoir broyé autant que possible pendant quelques minutes les fragments de parenchyme testiculaire dans l'eau, séparez le liquide des parties solides; ce liquide est rosé par le sang, un peu trouble, et contient en suspension des petites particules de pulpe. Injectez sous la peau 2 centimètres cubes de ce liquide et espacez les injections de 48 heures chacune.

L'instrument dont on se sert pour cela, est la seringue ordinaire de Pravaz.

Précautions préliminaires

Lavez la peau avec une solution antiseptique.

F. s. a.

Puis essuyez avec un linge bien propre.

S'assurer du bon fonctionnement de la seringue et de l'aiguille avant chaque séance.

Laver la seringue et l'aiguille avec de l'eau bouillie.

Passer très légèrement l'aiguille à la flamme d'une bougie.

Charger, avec le vaccin liquide, la seringue dépourvue de l'aiguille, et adapter solidement celle-ci, une fois la seringue chargée. Puis, afin de chasser l'air qui pourrait rester encore dans la seringue et dans l'aiguille, la pointe de cette dernière étant tournée en haut, on poussera doucement le piston de façon à faire sortir par l'aiguille quelques gouttes de vaccin. Ces précautions prises, il ne reste plus qu'à procéder à l'inoculation.

Pour cela, la peau étant largement pincée et soulevée entre le pouce et l'index de la main gauche, on enfoncera profondément l'aiguille de façon à ce qu'elle pénètre sous la peau, en tenant la seringue de la main droite, comme une plume à écrire, et on poussera le piston jusqu'au bout de sa course. Il suffit alors de tirer d'une main, en maintenant de l'autre la peau qui vient d'être inoculée.

L'administration en est si simple que chacun, même sans le secours du médecin, peut, sans le moindre danger, pratiquer sur lui-même les injections du suc testiculaire, s'il observe ces instructions rigoureusement. On peut traiter par des lavements les personnes qui ne veulent pas être inoculées ; mais ce n'est là qu'un pis-aller.

La préparation du lavement et son mode d'emploi sont des plus simples.

L'ablation faite des organes, il suffit de broyer dans un mortier, d'ajouter vingt fois autant d'eau bouillie, de filtrer et d'injecter dans le rectum 75 grammes environ du mélange ainsi obtenu.

L'instrument dont on doit se servir

pour l'opération est la poire en caoutchouc.

Ce lavement doit être conservé complètement. Pour y arriver facilement, il faut prendre un lavement ordinaire au clyso, qui n'a pas d'autre but que le lavage de l'intestin.

Il se vend, sous le nom d'élixir et aussi de sirop, des préparations qu'on extrait des glandes et des canaux spermatiques. Ces élixirs ou sirops sont tous pris par la bouche et par là introduits dans l'estomac. Il serait plus facile et moins coûteux d'avaler dans du pain azyme ou en cachets des morceaux des organes spermatiques. Ici, je dois dire avoir fait des expériences personnelles avec succès, mais cela ne m'autorise pas à conseiller ce moyen.

L'auteur de *Force et Santé* proteste énergiquement et donne l'affirmation formelle que cet agent régénérateur n'a de

puissance qu'autant qu'il est employé sous forme d'injection.

Il n'y a pas que l'homme à bénéficier de la méthode de Brown-Séquard; de nombreuses observations ont été faites sur des femmes malades de phtisie pulmonaire, d'anémie, de débilité nerveuse, de rhumatisme, etc. Toutes ces dames acceptent très bien le nouvel agent régénérateur.

Dans une déclaration de M. Brown-Séquard il nous dit : le vaccin séquardien n'est pas seulement un aphrodisiaque, c'est un régénérateur et non un excitant. Il ne guérit aucune maladie, mais comme la plupart des affections qui éprouvent l'humanité proviennent de la débilité générale ou partielle de l'organisme, il rend à celui-ci sa vigueur; le mal disparaît ainsi de lui-même.

Il y a cependant une catégorie de malades qui sont réfractaires à toute médication (ils sont en petit nombre), à qui les injections sous-cutanées du suc testiculaire ne rendent pas un service plus ou moins marqué. Si rares que soient ces exceptions, elles existent.

Certains médecins ont dit : vous faites purement et simplement acte de suggestion sur les malades. C'est la suggestion qui guérit et non le suc testiculaire. C'est déjà quelque chose, puisque c'est le malade qui bénéficie du résultat et que le but du médecin est de soulager et de guérir ceux qui souffrent.

L'homme impuissant à perpétuer sa race devient un être inutile ; obligé de renoncer à l'amour, sa vie est misérable et il la traîne péniblement. La méthode Brown-Séquard est aujourd'hui sérieusement et solidement implantée. Ouvrez le livre de la *Vie prolongée,* vous y trouverez les observations faites par de très illustres professeurs et docteurs de France et de l'étranger.

Un chapitre de la *Vie prolongee* fera comprendre l'importance du choix de l'animal dans l'inoculation du suc testiculaire.

Du choix de l'animal. — Le taureau, le cheval, le singe, le bouc, le cobaye, le bélier, le chat, le chien, le lapin. — Des oiseaux : le corbeau, le moineau franc, le coq. — Action spéciale du chat, du bélier et du lapin. — Choix du cobaye. — De l'instant propice à l'ablation. — Son importance. — Manière de procéder. — Avantage du suc bien pris et bien préparé. — Pourquoi ce livre (1).

Dès qu'on s'est occupé de l'influence que pourrait avoir sur l'homme l'inoculation du suc testiculaire des animaux, l'attention s'est portée plus particulièrement sur ceux qui se distinguent par leurs qualités prolifiques ou par l'exubérance des organes de la génération.

(1) Dr Goizet.

A ce point de vue, le taureau, le cheval, le singe, le bouc, le bélier, le chat, le lapin et le chien furent l'objet d'examens longs et spéciaux.

En outre, on se demanda si le suc testiculaire de certains oiseaux ne pouvait pas être utilisé, et des ablations, suivies de préparation du liquide, furent faites sur le corbeau, le moineau franc et le coq principalement.

Le suc des oiseaux est absolument sans effet sur l'homme, on en a acquis la preuve certaine.

On se borna donc à faire une étude comparative du suc extrait des testicules des mammifères d'ordres différents.

De mes expériences personnelles et de celles de mes confrères, il résulte que le classement fait par ordre d'efficacité serait le suivant : singe, chien, bélier, cobaye, bouc, cheval, taureau, lapin et chat. Mais, il est permis d'affirmer que chaque animal possède pour ainsi dire une action spéciale dans certains cas pathologiques.

Ainsi, bien que nous l'ayons placé au dernier rang, le chat possède, bien plus que tous les autres, une action puissante qui peut être très précieuse en certains cas.

Son suc testiculaire combat la paraplégie (paralysie des membres inférieurs) en rendant la vigueur aux cordons de la moelle épinière, qui répandent la force et la transmettent aux muscles avec une efficacité réellement supérieure à celle du suc testiculaire des autres mammifères.

Cette puissance est poussée quelquefois à un degré tel que, dans plusieurs cas d'ataxie locomotrice, elle a mis le malade dans un état d'excitation si grand qu'il a fallu renoncer à son emploi.

Le suc du bélier possède également une action spéciale en agissant particulièrement sur les fonctions digestives.

Le suc du lapin rend le malade mélancolique, tandis que celui du cobaye le dispose à la gaîté.

Cette étude sur les qualités spéciales du suc testiculaire de chaque mammifère, présente le plus grand intérêt et mérite d'être poursuivie avec persévérance. Mais, pour le moment, je me contenterai de dire pourquoi mon choix s'est arrêté, jusqu'à plus ample informé, sur le cobaye.

Moins coûteux que le chien et le bélier, le cobaye, par son suc testiculaire, agit directement sur les organes génitaux tout en conservant sur l'ensemble des fonctions physiologiques une action presque égale à celle de l'animal qui en possède le plus.

Facile à se procurer, à élever, à opérer, d'une reproduction abondante, très sain, très vigoureux, peu coûteux, le cobaye est incontestablement l'animal qui doit être préféré, à l'exception de cas spéciaux très rares, ainsi que nous l'avons indiqué plus haut.

En outre, dès l'âge de deux mois, le cobaye, apte déjà à la reproduction, peut être employé. Or il est absolument nécessaire de se servir pour la préparation du vaccin du suc testiculaire d'animaux jeunes et ardents.

Le testicule de l'animal jeune et vigoureux est sans contredit l'organe producteur d'une force incomparable. Mais cette force ne réside pas à l'état permanent dans le testicule, il faut choisir le moment précis où elle y atteint son maximum d'intensité pour le saisir et s'en rendre maître. Le moment précis où l'ablation du testicule doit être opérée est celui où l'animal a atteint le plus haut degré de la surexcitation génésique.

Cette affirmation résulte d'expériences personnelles nombreuses qui m'ont donné la certitude que, dans la majorité des cas, l'inégalité dans les effets produits n'a pas d'autre cause qu'un choix inopportun du moment de l'ablation.

Voici comment je procède. J'ai toujours dans mon institut de la rue de Berri, cent cinquante à deux cents cobayes installés confortablement et selon les conditions les plus favorables à leur hygiène.

Sauf pour la catégorie des reproducteurs que nous agrandissons chaque jour en n'y admettant que des sujets de choix, les mâles et les femelles sont séparés.

Chaque matin, avant de commencer la préparation du vaccin, je prends une femelle et la jette au milieu de quatre ou cinq mâles.

Aussitôt l'ardeur de ceux-ci se manifeste, le désir s'empare d'eux ; lorsque dans les péripéties de ce tournoi galant, j'ai reconnu le cobaye qui me paraît le plus excité, je le tue avant qu'il ait pu accomplir l'acte de copulation et je pratique immédiatement l'ablation des testicules.

Pendant que mes aides continuent la préparation, je recommence l'expérience, soit avec les autres mâles, soit avec d'autres cobayes et cela, jusqu'à ce que ma provision de la journée soit suffisante. Ainsi j'obtiens un vaccin provenant d'un suc saisi à son état d'intensité la plus grande. C'est un perfectionnement considérable apporté à la préparation du nouveau régénérateur, perfectionnement sans lequel les résultats sont toujours inégaux parce qu'ils sont subordonnés au hasard.

J'ai le droit d'en revendiquer l'idée, puisque personne avant moi n'a songé à ce moyen si simple d'assurer l'égalité dans la puissance du vaccin.

Mes expériences personnelles sur le suc extrait des ovaires des animaux démontrent que celui-ci est impuissant à rien produire chez les hommes ni chez les femmes. La femelle ne possède donc pas en elle la force dont dispose le mâle ; aucune partie de l'être féminin ne recèle un élément semblable au suc testiculaire. Ce produit régénérateur appartient exclusivement au mâle, mais n'est sécrété que sous l'influence de la femelle.

Le suc testiculaire est donc une force dont les animaux comme les hommes fournissent d'irréfutables preuves,

Est-il donc besoin de dire quelles fatigues est capable de supporter un homme amoureux, en présence d'une femme qu'il désire ?

Un autre fait tout aussi concluant que le précédent et que tout le monde connaît, est le suivant :

Un chien rentre de la chasse avec son maître, la journée a été rude et le chien est exténué.

N'en pouvant plus, il refuse toute nourriture et se couche ; on l'appelle, il ne bouge pas ; à peine daigne-t-il entr'ouvrir les yeux et soulever sa queue, pour donner signe de vie ; la nécessité du repos le domine. Mais, qu'à ce moment même une chienne en rut entre, aussitôt notre chien se lève et vient la flairer ; l'ardeur le gagne, il oublie sa fatigue, et si la chienne fuit il la suit, gai, alerte, pendant plusieurs jours, sans boire ni manger, soutenu par une force qui domine tous ses besoins et combat victorieusement sa lassitude.

Quelle est cette force qui se manifeste au moment précis ou les organes génitaux sont dans un état d'éréthisme particulier, en présence de la femelle ?

Cette force n'est autre que le suc sécrété par le testicule qui en opère la diffusion dans l'organisme tout entier. Il est tellement vrai que cette force réside dans le suc testiculaire, qu'aussitôt l'acte du coït accompli, la production du suc s'arrêtant, la fatigue reparaît et le chien, tout à l'heure si vigoureux, ne demande que le repos.

En somme le suc testiculaire est un aphrodisiaque qui dans une maladie donne au malade une force agréable de résistance.

La science, depuis le commencement de notre siècle, a fait de si grands progrès dans ces découvertes, que bientôt elle n'aura plus de secrets pour nous.

Après le traitement de la tuberculose par la transfusion du sang de chèvre, voici que M. Constantin Paul, suivant la méthode de M. Brown-Séquard, fait des injections sous-cutanées dans les affections de l'encéphale avec une solution au dixième de substance grise provenant du cerveau de mouton.

Cette solution est injectée, à la dose de 5 centimètres cubes.

Attendons !

Nulle connaissance ne précède l'expérience ; toutes commencent avec elle.

DÉGRADATION

Y a-t-il des organisations vicieuses ?

Ceux qui croient à la corruption native de l'homme ne manqueront pas d'être pour l'affirmative ; mais les esprits plus élevés, qui placent la cause du mal ailleurs que dans le cœur humain, savent que les organisations subissent comme toutes choses, l'influence des circonstances sociales, et qu'elles pourront conséquemment se modifier et s'améliorer en proportion des progrès qui s'accompliront.

Il faut convenir cependant, tout en croyant fermement au bien futur, que le mal et le désordre ont aujourd'hui des proportions effrayantes et que l'immense majorité de mes contemporains est fort tristement organisée. Il faut reconnaître aussi que la nature produit, en exception, des monstres dans le genre humain comme dans toutes les autres espèces, et qu'il peut se rencontrer de ces sortes de tigres à face d'homme, dont la destinée semble faite pour le crime. Les cas d'exception dus à la dégénérescence de certains individus et plus encore aux conditions de misère et d'abrutissement dans lesquelles les a jetés le hasard, ces cas d'exception qui finiront par se réduire, ne prouvent absolument rien contre la nature humaine.

Nous allons plus loin et nous osons imputer à la société actuelle la plupart des égarements dans lesquels tombent tant de malheureux. C'est le plus souvent parce qu'ils se trouvent hors d'emploi, d'appui, parce qu'ils manquent d'espérance ; c'est enfin par la misère qui montre à l'homme qui a faim ceux qui abusent de tout, et le fait sortir à l'heure où la morale est couchée.

Que de grands citoyens qui se sont illustrés par des actes de bravoure et d'énergie, et qui peut-être auraient mal tourné dans d'autres circonstances ! Que de héros nous offre l'histoire et qui, venus au monde sur la paille, eussent peut-être été de vils scélérats. Non, il n'y a pas absolument d'organisations maudites ; il n'y a que des natures hors d'emploi, qu'on ne sait pas prendre et qui se dévient alors dans de funestes hasards.

Inégalité des organisations. — Un problème d'un immense intérêt et qui cependant n'a jamais été résolu, c'est celui de la cause des différences de facultés et d'organisations parmi les honmes. On sent que tous ne peuvent pas être égaux et qu'il doit nécessairement y avoir hiérarchie parmi eux comme il y a hiérarchie entre tous les être de la création, mais la cause de ce phénomène a complètement échappé aux yeux des observateurs.

Nous savons cependant que lorsque les dispositions innées ne sont ni trop faibles ni trop énergiques, l'influence de l'éducation sur l'individu est très considérable : c'est la condition sous laquelle se trouve placée la généralité des hommes ; toutes leurs qualités peuvent généralement se modifier d'une manière remarquable.

Mais il faut convenir qu'il y a des individus, en petit nombre, qui ont des facultés fondamentales très énergiques : pour ceux-là, l'éducation ne peut presque rien ; il en est de même pour ceux qui ont des facultés excessivement faibles. Les hommes de génie sont aussi le résultat de l'activité de quelque faculté prédominante très énergique. L'éducation ne peut pas en créer ; il faut, avant tout, que l'organisme les prédispose, et ce n'est que sur ceux-là que les circonstances extérieures et l'éducation, en réveillant les facultés puissantes qui sont en eux, peuvent donner des résultats d'action étonnants.

Ainsi les grands saints, les grands héros, les grands criminels sont-ils des races à part.

Cesare Lombroso, dans son volume sur le *Génie et la Folie*, sans sourciller nous affirme : 1° que presque tous les fous ont des tendances artistiques ; 2° que tous les hommes de génie sont des dégénérés de la forme épileptoïde, comme il dit.

A l'appui de ces assertions, il cite un grand nombre de noms, dont quelques-uns sont ignorés en France et dont beaucoup d'autres sont assez démonstratifs....

Qu'y a-t-il, au juste, de vrai dans les affirmations du savant criminaliste italien ?

N'est-il pas plus logique d'admettre que la plupart des gens de lettres, vivant d'une existence factice et surmenée, adonnés bien souvent aux excitants artificiels et ne se ménageant d'aucune sorte, sont plutôt des neurasthéniques, de simple déséquilibrés, des bizarres et non des fous ?

Ils sont fêlés, incontestablement, mais d'une fêlure bénigne, comme tous les civilisés, comme tous ceux qui sortent du commun ; car il n'y a de véritablement sains que les simples d'esprit, et le repos des nerfs comme le royaumes des cieux est à eux seuls.

« Les cas avérés d'hommes de génie ou de talent, perdant absolument la tête, sont assez rares, à tout prendre (1).

En voici un pourtant qui n'est pas connu, que je sache, et dont le recit m'a été fait par un témoin digne de foi.

Victor Hugo, qui fut le plus puissant génie littéraire du siècle, avait en outre, dans la pratique de la vie, un merveilleux bon sens, et l'équilibre de ses facultés stu-

(1) *Gaz. des hôpitaux*.

péfiait son entourage. Il se montrait presque absolument inaccessible aux douleurs physiques et morales.

Mais un soir, un peu après sa rentrée en France, après la guerre, comme on venait à parler d'un de ses fils, mort depuis des années, ses convives entendirent un grand sanglot. Pour la première fois, l'impassible pleurait. Il ne répondit rien aux questions dont on le pressait, et tous les jours suivants, il demeura silencieux et morne, repoussant toute nourriture et ne travaillant pas, lui qui n'avait pas encore passé une journée entière sans écrire.

Il fut ainsi pendant un mois. On l'envoya à Guernesey ; on l'isola dans son appartement aérien qui domine la mer. Puis, un jour, il prit une plume et dessina, selon sa manière bizarre, une maison toute noire avec une fenêtre claire, voulant symboliser ainsi le retour de sa lucidité partie.

A dater de ce jour, il redevint pareil à

ce qu'il était autrefois. Et cet intermède d'un mois, au cours d'une si longue vie, fut la seule faiblesse de ce cerveau « génial entre tous ».

Hérédité. — Il est maintenant avéré que tous les animaux naissent d'un œuf (il n'y a point d'exception à cette règle) et que l'homme lui-même, malgré tout son orgueil et toute sa fierté, ne s'engendre pas autrement qu'un poulet.

En suivant ce qui se passe dans le concours des sexes, on voit, en effet :

1° Que les femelles produisent des œufs *fécondables* ; 2° que les mâles fournissent une semence *fécondante.*

Le rôle de chaque sexe est ainsi parfaitement simple et bien déterminé.

Le principe venant greffer un être humain sauvageon, le fait par affinité, c'est ce qui explique les ressemblances plus ou moins rapprochées entre les enfants et les parents, sous le rapport du caractère. Ces ressemblances n'ont, du reste, pas toujours lieu du père et de la mère à l'enfant, mais aussi, et souvent, des oncles ou neveux, même quand leur sang n'a absolument rien de commun. Ce fait semblerait montrer que les âmes des individus qui composent une famille forment une unité avec laquelle l'être qui vient l'augmenter a de plus ou moins nombreuses analogies.

Le mécanisme de la conception physiologique nous expliquerait très bien par une première imprégnation des œufs non mûrs les ressemblances paternelles antérieures qu'on observe chez les animaux de races différentes. Un savant vétérinaire m'a dit qu'il arrive souvent qu'une jument saillie par un étalon qui n'est pas de sa race donne des poulains qui lui ressemblent, lors même qu'un autre mâle est intervenu dans les portées postérieures.

La même chose a lieu pour les chiens, et ce phénomène dure pendant un temps que l'expérience n'a pas encore pu déterminer.

Un semblable fait peut se produire égalememt dans l'espèce humaine : on a vu des veuves avoir des enfants d'un second mari qui ressemblaient au premier, lors même qu'elles n'avaient pas conçu en cohabitant avec lui. N'en déplaise au roi de la création, l'homme est soumis, en cette circonstance comme en mille autres aussi étranges, à des lois identiques à celles qui régissent le développement des autres êtres.

Conséquence fatale : lorsqu'on n'est pas le premier locataire, il sera fort difficile, parfois, de se dire le père unique de quelqu'un, et coûte que coûte, il faudra se résigner à n'être qu'un demi, voire même, un tiers de papa.

L'hérédité est un point acquis à la science, et doit être, au point de vue social, d'une importance énorme et un sujet de haute réflexion pour le philosophe et le moraliste, car l'enfant hérite non seulement du tempérament, de la constitution, des dispositions morbides, mais encore de l'intelligence et des aptitudes qu'ont eues ses parents.

On pourrait se demander, avec Montaigne : « Quel monstre est-ce que cette goutte de semence, de quoy nous sommes produits, qui porte en soi les impressions, non de la forme corporelle seulement, mais des pensements et des inclinations de nos pères ? Cette goutte d'eau, où loge-t-elle ce nombre infini de formes ? »

On a battu et rebattu le thème de l'irresponsabilité humaine (1); malgré toutes les objections les plus solides des spiritualistes et des partisans du droit de punir, la science n'en affirme pas moins que nous ne sommes pas les maîtres de nos actions et que notre organisme, surtout non rectifié

(1) L'éducation perverse.

par l'hygiène de l'éducation intellectuelle, morale et physique, est le souverain guide de nos actes. Il y a une prédestination fatale pour chacun de nous, héréditaire, parfois même accidentelle. Au seuil de notre vie, nous sommes pour ainsi dire marqués ; chacun de nous devrait porter gravée sur son front la fatale épigraphe espagnole : *Lo que ha de ser no se puede faltar* (ce qui doit être ne peut manquer d'arriver).

Les bons sentiments sont naturels chez l'enfant quand, dès l'âge le plus tendre, il est élevé par des parents probes, équilibrés, honnêtes, comme il est fatal pour l'enfant élevé dans le crime, en vue du crime.

Il y a des criminels de race qui forment dans l'humanité une famille spéciale dont les membres ont le même cerveau. Ni l'âge, ni le sexe n'y font rien. Qu'une occasion se présente, ils agiront résolument.

Il y a aussi parfois des séries de crimes ;

on dirait une fièvre imitative, de cerveau à cerveau. Ce qui est certain c'est qu'il existe des répétitions de meurtres identiques, et que le sang appelle le sang.

Il est donc indispensable de se défendre contre les escarpes dont le nombre va grossissant, en les mettant hors d'état de vaquer à leurs féroces occupations; mais la justice, celle qui est en pratique, affecte des allures vengeresses qui ne conviennent pas à son rôle; elle doit se mettre au courant et au niveau de la science, si elle veut être féconde. Elle doit, tout en protégeant la collectivité sociale contre les détraqués, rechercher s'il n'y a pas en même temps moyen de transformer, d'améliorer les criminels.

La prison est un lieu de corruption où règne le bacille du crime et le microbe de l'assassinat.

La peine de mort, l'idéal des penseurs, des savants, des philosophes de toutes les écoles politiques et sociales, est, selon eux, l'amélioration de l'individu. Une pénalité sur laquelle il n'y a pas de retour est incompatible avec cet idéal. On a dit qu'on faisait d'une exécution un spectacle public pour que l'expiation portât sa moralité. L'expérience n'a pas donné raison à cette intention.

Voici un fait à méditer (1).

« Il y a quelques années, un homme fut guillotiné à Beauvais, pour avoir commis le crime passionnel le plus abominable qu'on puisse rêver.

« Très excité par le contact des jeunes filles avec lesquelles il avait longuement causé dans un village voisin, tourmenté par des désirs brûlants, ce homme regagnait sa demeure, la nuit.

« Non loin d'une mare, il aperçut une vieille femme qui, lentement, suivait la même route que lui.

(1) *La vie prolongée.*

« La rejoindre, l'étrangler pour vaincre sa résistance et la violer, fut, pour le paysan, l'affaire d'un instant; puis, afin de cacher le cadavre, il le porta jusqu'à la mare et l'y jeta. »

Chez ce misérable, dont le cerveau était mal équilibré, la justice aurait pu trouver le moyen d'améliorer ce criminel, tout en satisfaisant ses idées vengeresses à l'égard de la société.

Il n'y avait qu'à le dégrader pour qu'un pareil forfait ne pût jamais plus germer dans son cerveau.

La peine de mort ne devrait pas exister dans une République.

Là où le législateur ancien écrivait impitoyablement : « Tue ! » Le législateur moderne écrit : « Guéris ! ».

Voici le remède :

La *Castration*. — Avec elle, chez l'homme et chez les animaux toutes les fonctions spécialement nerveuses sont condamnées à l'impuissance; la volonté ne prend jamais de forme, les idées manquent toujours de vivacité et de persévérance.

Les gros messieurs vont encore se lamenter, de concert avec les moralistes et les patriotes, et nous répéter à l'unisson que c'est encore là une cause de dépopulation de la France. Mais qu'ils le sachent bien, pour qu'on fasse de nombreux petits Français, il faut faire beaucoup à manger; cette vérité est élémentaire et pourtant, jusqu'à ces derniers temps, à peu près personne n'y avait songé.

On semble enfin s'en rendre compte. Reste le moyen et il n'en est qu'un de possible.

Qu'est-ce qui produit la victuaille? la terre.

Il faut donc cultiver la terre; et il semble que sur ce point tout le monde doive être d'accord; malheureusement il n'en est pas ainsi.

Pour faire plaisir à un petit nombre de gros personnages qui aiment à se promener, à chasser tranquilles sur de vastes espaces et qui expulsent les hommes de campagne pour que les lapins ne soient pas dérangés, la moitié de la France appartient à soixante mille grands propriétaires; c'est de cette moitié qu'il est fait un désert.

Ces amants de la terre oisive affament, dépeuplent la France, avec la complicité de la loi, complicité qui est la lourde faute du temps présent.

Voilà pourquoi les Français n'ont pas de quoi vivre et pourquoi ils ne font plus d'enfants.

M. Henry George expose autrement le problème : — Comment s'expliquer que le nombre des pauvres augmente d'une façon prodigieuse et que les salaires descendent de plus en plus, en vertu de « la loi d'airain », vers le minimum au-dessous duquel on meurt de faim, tandis que les richesses croissent sans trêve et que les moyens de production se multiplient?

— La cause doit-elle s'attribuer à l'insuffisance du capital? se demande l'auteur.

— Non, répond-il, car l'ouvrier ne tire pas son salaire du capital, comme on se l'imagine, mais de son propre travail. Quand il est payé, il a déjà fourni « en appropriation » une somme supérieure à celle qu'il reçoit.

— Est-ce à la surabondance de la population?

— Pas davantage. Rien de plus faux que la théorie malthusienne, soutient M. Henry George.

— A quoi donc?

— Au privilège des propriétaires du sol. La terre étant nécessaire à toute industrie, à tout commerce, à toute œuvre humaine, ce sont eux seuls qui, en dernière analyse, restent les maîtres suprêmes. Une ville se peuple-t-elle, une invention se produit-elle, un atelier nouveau s'établit-il, la rente exigée par la terre, à chaque occasion, s'élève. Dès qu'un progrès quelconque s'accomplit, elle se met à l'affût, et, en vertu d'une répercussion aisée à concevoir, elle ne tarde pas à en absorber tous les profits; l'ouvrier en reste à sa portion congrue, et le capitaliste lui-même n'obtient qu'un très maigre morceau de gâteau. Il arrive de la sorte que le propriétaire n'a contribué en rien à cet agrandissement. C'est une prospérité due aux efforts des autres qui le rend riche. Ayez un lot de terrain à Paris, à Londres ou à New-Yorw, et dormez pendant dix ans; vous vous réveillerez millionnaire.

Ce dernier phénomène avait déjà été mis en lumière par Spencer et Stuart Mill. Le premier voulait qu'on rachetât le sol aux propriétaires pour le rendre à l'État, le second demandait qu'on fixât la valeur actuelle des terres et que le surplus, dans l'avenir, retournât au trésor public.

Pour M. Henry George, le remède n'est point là. Il estime que si le monopole de la propriété du sol est monstrueux, le temps ne peut l'avoir rendu juste (pas plus que le temps ne peut justifier l'esclavage) ; mais, au lieu de recourir à un communisme momentané quelconque, il propose d'abolir tous les impôts et de les remplacer par un impôt unique sur le sol, qui, peu à peu, équivaudrait au montant de la rente. Ainsi disparaîtrait la classe des propriétaires et avec eux leur monopole ainsi que les conséquences néfastes qu'il entraîne. Les produits de la culture seraient d'ailleurs garantis au cultivateur, et la possession des bâtiments serait assurée au constructeur. C'est du sol qu'il s'agit, non des fruits ou des constructions.

Le sol est aussi frais, aussi nouveau qu'il l'était au temps des Romains.

Générations après générations ont vécu de lui, des générations vivront encore de lui dans l'avenir.

Les petits noirs l'ont tellement compris que, ne pouvant se partager ces biens célestes, ils ont inventé un Dieu qu'ils ont placé au-dessus des astres, et auquel ils ont attribué la possession entière de la nature, consacrant ainsi en ce Dieu, le *principe de la propriété.*

Mais les lois humaines ne sont pas ainsi faites ; on n'a pas compris encore que le droit de posséder et de transmettre une chose qui passe est bien différent du droit de posséder et de transmettre une chose qui ne passe pas et dont chaque génération doit vivre.

Ce que messieurs les propriétaires de domaines comprendront mieux, c'est qu'il leur faut des hommes pour la patrie !

Mais il faut penser aussi que la terre étant bornée, le nombre de ses habitants ne saurait être sans bornes.

La dépopulation d'un pays est incontestablement un mauvais signe; seulement elle est un résultat et non une cause; ce n'est pas elle qui produit la situation mauvaise, c'est la situation mauvaise qui la produit.

Tant que vous n'aurez pas trouvé le moyen de rendre aux gens la vie facile, ils la donneront de plus en plus difficilement à d'autres et ils vous diront toujours : Avant de faire des enfants, nous voudrions être sûrs de pouvoir les élever.

C'est un acte intolérable d'égoïsme que de se marier dans une situation précaire et instable, qui presque toujours ne réserve que la misère à une femme et à des enfants.

A la fille séduite la loi dit :

« Si tu ne te résignes pas à ta grossesse, si tu supprimes l'enfant qui doit naître de toi, nous serons inflexibles. »

Mais encore ne faudrait-il pas ajouter :

« Il est vrai que si cet enfant voit le jour, tu seras à jamais déshonorée, les honnêtes femmes te montreront au doigt, et, quand cet enfant sera devenu un homme, il rougira à ton seul souvenir. »

C'est la formule du bourgeois obtus qui appelle cela sauvegarder la moralité publique, et préfère peupler le cimetière.

On parle de mettre un impôt sur les célibataires ; si le but de cette proposition est de forcer les gens à se marier, c'est bête, attendu que beaucoup de personnes ne le pourraient pas, malgré la meilleure volonté du monde.

Si l'on veut tout bonnement pousser à la repopulation, voilà un singulier moyen : le mariage n'implique pas la paternité. Si c'est en effet cela qu'on désire, il faudrait employer un procédé tout à fait opposé et exciter toutes les ardeurs quelles qu'elles fussent.

Et dire que les cuistres et les sots nous élèvent à rougir de cette merveilleuse manifestation de la jeunesse : l'amour ! et à considérer comme inavouable le grand acte de force et de virilité qui pousse l'homme à se perpétuer.

Allons, vieux moralistes, il n'y a que les riches qui ne comptent pas en matière d'enfants, aussi est-ce à eux que doit revenir la perpétuité de l'espèce.

M. Jaclard pense que plus l'individu se développe, moins il se reproduit.

Si la puissance procréatrice fait défaut à ces messieurs, le vaccin régénérateur leur donnera la force.

Si l'instinct de la philogéniture est peu développé, qu'ils prennent alors à leur charge pendant quelques années les nouveau-nés des déshérités, et cela jusqu'à l'âge de sept ans ; ils auront facilité à élever des marmots qui plus tard eux-mêmes rentreront dans cette condition de dépendance qui fait du pauvre une espèce de bête de somme, constamment attelée au manège industriel pour se nourrir lui-même. Qu'on guérisse le pays de ce mal de misère, qu'on rétablisse l'équilibre, que la misère cesse d'être la base de toute la politique des chefs des nations civilisées. Ce n'est qu'à cette condition que la France reprendra sa place dans le monde. Que l'organisation sociale cesse d'être basée sur des lois humaines, fruits de la violence, lesquelles sont en contradiction flagrante avec les lois naturelles et font inévitablement dégénérer en fléaux terribles les progrès les plus sublimes.

Où est le remède ?

« Dans une meilleure répartition de la richesse. Dans la liberté de tester. Dans la propriété collective. Dans le retour à la foi. Dans une meilleure hygiène. » — Pauvre populo ! espère..., espère..., mais longtemps encore tu ne seras que de la chair à canon, et tes filles de la chair à plaisir.

Le Mans — Typographie Edmond Monnoyer

www.ingramcontent.com/pod-product-compliance
Ingram Content Group UK Ltd.
Pitfield, Milton Keynes, MK11 3LW, UK
UKHW012111240726
13965UKWH00004B/1706

9 782013 046848